别卷了，
拉伸一下

口袋版图鉴

无处不在的 **79**个拉伸动作

蒋青 著/绘

人民邮电出版社

北京

图书在版编目（CIP）数据

别卷了！拉伸一下：无处不在的 79 个拉伸动作 ：口袋版图鉴 / 蒋青著、绘. -- 北京 ：人民邮电出版社，2025. -- ISBN 978-7-115-66249-1

Ⅰ. G883-64

中国国家版本馆 CIP 数据核字第 202506LL66 号

免 责 声 明

本书内容旨在为大众提供有用的信息。所有材料（包括文本、图形和图像）仅供参考，不能用于对特定疾病或症状的医疗诊断、建议或治疗。所有读者在针对任何一般性或特定的健康问题开始某项锻炼之前，均应向专业的医疗保健机构或医生进行咨询。作者和出版商都已尽可能确保本书技术上的准确性以及合理性，且并不特别推崇任何治疗方法、方案、建议或本书中的其他信息，并特别声明，不会承担由于使用本出版物中的材料而遭受的任何损伤所直接或间接产生的与个人或团体相关的一切责任、损失或风险。

内 容 提 要

这是一本适合所有人的拉伸书。每个人都可以根据书中指导，随时随地进行拉伸，从而放松身体，告别疼痛和僵硬。本书从 5 个很常见的生活场景切入——沙发上、床上、户外、办公室中、旅途中，通过插画的形式展示如何对身体的不同部位进行拉伸，并对每个动作的功效、步骤和要点进行了详细介绍，同时还提供了可以直接使用的拉伸计划，让读者能快速掌握在各个场景中对感到不适的身体部位进行放松的方法，非常实用。无论是因久坐、久站或其他不良习惯而出现身体疼痛和僵硬，想要通过拉伸摆脱这种状况的人群，还是健身爱好者、运动爱好者等其他有拉伸需求的人群，都可以从本书的内容中受益。

◆ 著 / 绘 蒋 青
　　责任编辑 王若璇
　　责任印制 彭志环

◆ 人民邮电出版社出版发行　　　北京市丰台区成寿寺路 11 号
　　邮编 100164　　电子邮件 315@ptpress.com.cn
　　网址 https://www.ptpress.com.cn
　　北京盛通印刷股份有限公司印刷

◆ 开本：787×1092　1/32
　　印张：6　　　　　　　　　　　2025 年 5 月第 1 版
　　字数：95 千字　　　　　　　　2025 年 5 月北京第 1 次印刷

定价：39.80 元

读者服务热线：(010)81055296　印装质量热线：(010)81055316
反盗版热线：(010)81055315

经 常 拉 伸 益 处 多

- 提升肌肉柔韧性和关节活动度，提高身体灵活性，降低日常生活和体育运动中肌肉拉伤和关节受伤的风险，提升运动表现。

- 放松紧张肌肉，缓解肌肉僵硬和疼痛；预防与改善不良体态并减少其引发的疼痛问题。

- 促进血液循环，增加肌肉及相关组织的氧气供应。

- 运动前拉伸能激活和预热肌肉，提升肌肉弹性和关节活动度，提升运动表现，降低受伤风险；运动后拉伸能放松肌肉，加快肌肉恢复，减少肌肉酸痛。

- 拉伸时配合呼吸，能激活副交感神经系统，让身体更放松，减少压力。

拉 伸 类 型 各 不 同

● 静态拉伸:缓慢而柔和的拉伸方式,旨在帮助肌肉伸展、拉长,缓解肌肉紧张,提高其柔韧性。

● 动态拉伸:在运动或活动之前进行,通过缓慢而有控制的动作实现,旨在提高关节活动范围和身体灵活性。

● 主动拉伸:由拉伸者自行完成的拉伸,拉伸者可以更好地控制拉伸幅度,比被动拉伸更安全。

● 被动拉伸:在外力辅助下完成的拉伸,拉伸者需保持肌肉放松,且必须在安全指导下完成,避免过度拉伸。

● 弹震拉伸:通过快速的回弹动作迫使肌肉拉长,可能产生强烈的牵张反射,导致肌肉过度紧张,甚至撕裂。

● 主动辅助拉伸:结合了拉伸者的主动运动和搭档的协助,旨在安全地增加拉伸幅度。

● PNF 拉伸:结合了本体放松和肌肉等长发力的被动拉伸,在提升肌肉柔韧性和关节活动度方面效果很好。

拉 伸 要 点 要 记 牢

● 根据练习目的，选择合适的拉伸类型。

● 根据自身情况，选择合适的拉伸动作和强度。

● 以正确姿势拉伸，避免错误姿势引发运动损伤。

● 缓慢拉伸，防止动作过快而受伤。

● 关注身体反馈，一旦出现疼痛感，立即停止。

● 配合呼吸，避免屏气。

安全拉伸禁止做

- 过分追求高难度和大幅度拉伸，导致拉伤。
- 过于快速或突然用力拉伸，损伤韧带、关节。
- 拉伸过度，导致被拉伸肌肉力量薄弱，关节紊乱。
- 不关注呼吸，导致肌肉紧张，引发焦虑或不适。
- 反复练习错误动作，会增加受伤风险。
- 拉伸受伤或有炎症的部位，导致情况恶化。
- 在不安全的环境中拉伸，如不平稳、太光滑的地面，导致摔伤。

目录

在沙发上，边看电视边做的拉伸动作

在家中，长时间坐着看书、看电视或工作会给脊柱施加不平衡的压力，使关节和肌肉过度劳损，还会导致下肢肿胀甚至麻木。以驼背的姿势坐着还会缩小胸腔的空间，影响呼吸。这一章教你如何利用在沙发上坐着看电视的时间，通过简单的拉伸动作，充分放松肩颈、胸腔、四肢等部位，改善因在家中久坐而产生的肌肉紧绷。

温馨提示

1. 每坐 30 分钟至 1 小时，起身活动一下。

2. 如果有长时间在家学习、办公的需求，请准备：舒适的座椅、高度合理的桌子、腰枕等。

3. 根据自己的身体状况和舒适度调整动作的幅度，确保拉伸动作均在安全的前提下完成。

胸锁乳突肌拉伸

功效 　放松颈部前侧肌肉。

 步骤 　①坐在沙发边缘，保持背部挺直，双脚平放在地上。
②目视前方，双手交叉，放在对侧锁骨上。
③双手压住锁骨，头部向上抬约 45 度，头顶向斜上方延伸，感受颈部前侧的牵拉感。
④保持该姿势至规定的时间。

要点 　①肩膀保持放松，拉伸时不耸肩。
②双手固定锁骨，防止在抬头过程中锁骨提升。

颈后肌群拉伸

功效　放松颈部后侧肌肉。

 步骤　①坐在沙发边缘，保持背部挺直，双脚平放在地上。
②双手抱住头部，手肘缓慢向下，将头部往下方牵拉，使下巴靠近锁骨，感受颈部后侧的牵拉感。
③保持该姿势至规定的时间。

 要点　保持肩膀放松，背部挺直。

 拉伸幅度不要过大，以免引发颈部不适。

坐姿摩天轮式

功效
①伸展脊柱，缓解疲劳。
②促进肩背部血液循环。

步骤
①坐在沙发边缘，保持背部挺直，双脚平放在地上。
②吸气，双手十指交扣，向上举过头顶，掌心朝上。
③呼气，手臂进一步伸展，感受肩部和上背部的牵拉感。
④保持该姿势至规定的时间。

要点
①肩膀下沉，胸腔上提，收腹，收肋。
②骨盆保持中立位，不塌腰。

手触肩转肩

 功效　改善肩颈僵硬。

步骤　①坐在沙发边缘，保持背部挺直，双脚平放在地上。
②手放在肩上，手肘画大圆圈。
③完成动作至规定的时间或次数。

要点　①控制手肘画圆的速度和幅度。
②手肘尽可能向外打开，远离躯干。

手抓头
转肩

功效 改善肩颈僵硬。

 步骤 ①坐在沙发边缘，保持背部挺直，双脚平放在地上。
②左手放在头部右侧并施加压力，固定住头部，右臂伸直，右手掌根向外推并画圈。
③完成动作至规定的时间或次数。换对侧重复。

 要点 ①控制手画圆的速度和幅度。
②肩膀下沉，躯干和骨盆保持中立位。

简易鹰式

功效 放松肩背部。

 步骤 ①坐在沙发边缘，保持背部挺直，双脚平放在地上。
②双臂向前伸直，左臂放在右臂下方。
③双臂屈曲，前臂缠绕，双手手掌触碰，拇指朝后，然后上臂抬起至平行于地面。
④保持该姿势至规定的时间。换对侧重复。

 要点 ①肩膀下沉，双手手掌贴合程度依自身柔韧性而定。
②手肘略高于肩膀，前臂垂直于地面，指尖朝上。

肘支撑
肩部拉伸

功效

①改善肩颈酸痛。

②打开胸腔，灵活脊柱。

步骤

①面朝沙发，跪在沙发前。可在膝盖下方垫拖鞋等物体，缓解不适。

②手肘放在沙发边缘，双手在颈部后方十指相扣，膝盖在髋部正下方，脚尖回勾，身体保持稳定。

③吸气，脊柱向上延伸。

④呼气，臀部向后延伸，胸腔、肩膀自然向下，远离耳朵。

⑤保持该姿势至规定的时间。

要点

①拉伸侧脚踝用力，足弓蹬住对侧上臂的内侧，避免脚踝内翻。

②不耸肩，保持背部挺直，腹部收紧，脊柱向上延伸。

桌子式

功效 ①提高肩关节的灵活性。
②提高胸椎的灵活性,改善呼吸。

 步骤 ①双手撑在沙发边缘,指尖朝外。双脚平放在地上,间距约为肩宽。
②缓慢抬高臀部,让髋部充分伸展,背部、臀部和大腿在一条直线上。
③吸气,脊柱延伸。
④呼气,胸腔上提,保持身体稳定。
⑤保持该姿势至规定的时间。

要点 ①颈部放松,下巴微收,不耸肩。
②手肘不过度伸展。

手抱头
胸部拉伸

功效
①打开胸腔，提升脊柱的灵活性。
②放松肩颈部，缓解肩颈部不适。

步骤
①盘腿坐在沙发上，靠近沙发靠背，保持背部挺直。
②双手十指交扣，放在头部后侧。上背部发力，挺胸，带动双肘向外打开，感受胸部的牵拉感。
③保持该姿势至规定的时间。

要点
①臀部坐实沙发，脊柱保持向上延伸。
②肩胛骨可以抵在沙发靠背的边缘。
③上臂外旋，双肩远离耳朵，腋窝打开。

手臂前置后拉

功效　①增加肩关节的活动范围。

②放松上臂后侧肌肉。

步骤　①坐在沙发边缘，保持背部挺直，双脚平放在地上。

②吸气，左臂伸直并放在胸前，右臂屈曲并扣住左臂。

③呼气，右臂尽可能将左臂拉向身体，感受左上臂后侧的牵拉感。

④保持该姿势至规定的时间。换对侧重复。

要点　①肩膀下沉，脊柱保持向上延伸。

②放在胸前的手臂尽可能伸直贴紧胸部。

③当三角肌达到张力点时，身体可以向同侧微微旋转，加大拉伸强度。

腕伸肌拉伸

功效　①放松前臂肌肉。
②改善高尔夫球肘、腱鞘炎。

 步骤　①坐在沙发边缘，保持背部挺直，双脚平放在地上。
②右臂向前伸直，屈腕，掌心朝后，指尖朝下，左手抓住右手并向内拉，感受右前臂外侧的牵拉感。
③保持该姿势至规定的时间。换对侧重复。

 要点　①拉伸侧肘关节保持伸展。
②非拉伸侧手将拉伸侧整个手向内拉，而不仅是指尖。

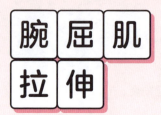

腕屈肌拉伸

功效
①放松前臂肌肉。
②改善高尔夫球肘、腱鞘炎。

 步骤
①坐在沙发边缘，保持背部挺直，双脚平放在地上。
②右臂向前伸直，伸腕，掌心朝前，指尖朝下，左手抓住右手并向内拉，感受右前臂内侧的牵拉感。
③保持该姿势至规定的时间。换对侧重复。

 要点
①拉伸侧肘关节保持伸展。
②非拉伸侧手将拉伸侧整个手向内拉，而不仅是指尖。

坐姿扭转

功效 ①放松背部肌肉，缓解背部紧张。
②增强脊柱的灵活性。

 步骤 ①坐在沙发边缘，保持背部挺直，双脚平放在地上。
②吸气，右手放在背后，左手轻推右肩。
③呼气，身体向右侧扭转。
④保持该姿势至规定的时间。换对侧重复。

 要点 ①保持背部挺直，不耸肩。
②扭转过程中，髋关节保持中立位。
③配合呼吸，逐渐增加扭转幅度。

背阔肌
拉伸

功效 缓解竖脊肌的紧张。

步骤 ①坐在沙发上，保持背部挺直，双膝屈曲，右脚放在左脚内侧。

②左手放在沙发扶手上，吸气，上半身向左转，右手拉住沙发扶手。

③呼气，弓背的同时左手推沙发扶手，感受背部的牵拉感。

④保持该姿势至规定的时间。换对侧重复。

要点 ①下巴微收，颈部放松，不耸肩。

②臀部坐实沙发，骨盆保持中立位。

坐姿单腿侧伸展

功效
①促进骨盆区域的血液循环。
②改善背部僵硬，放松侧腰。

 步骤
①坐在沙发上，保持背部挺直，双腿伸直并分开90~120度。
②右腿屈膝，脚跟靠近会阴部。
③吸气，脊柱向上延伸。
④呼气，身体向左侧屈，左手可以抓左脚或扶住头，右臂贴右耳并向远处延伸。
⑤保持该姿势至规定的时间。换对侧重复。

 要点
①坐骨不离开沙发，非拉伸侧腰也要伸展，而不是挤压。
②颈部保持伸展，不耸肩。

可以闭眼，深呼吸放松。

蝴蝶式

功效
① 缓解久坐引起的腰背酸痛。
② 促进骨盆区域的血液循环，缓解经期不适。
③ 缓解坐骨神经痛。

 步骤
① 坐在沙发上，保持背部挺直，双脚脚掌相对，膝盖自然下沉。
② 脊柱保持向上延伸，随着呼吸，屈髋俯身。
③ 保持该姿势至规定的时间。

 要点
① 臀部坐实沙发，脊柱保持延伸。
② 不要让膝盖过多承重，大腿外旋，打开髋部。

摇篮式

功效
①放松臀部外侧肌肉。
②提升膝关节、踝关节灵活性。

步骤
①坐在沙发边缘，保持背部挺直。
②双手相扣，双臂抬高。右膝屈曲，抵在右臂内侧，右脚抵在左臂内侧，小腿与躯干接近平行且靠近胸口。
③保持该姿势至规定的时间。换对侧重复。

要点
①拉伸侧脚踝用力，足弓蹬住对侧上臂的内侧，避免脚踝内翻。
②不耸肩，保持背部挺直，腹部收紧，脊柱向上延伸。

鸳鸯式

功效
①放松腿部肌肉。
②促进下肢血液循环。

 步骤
①盘腿坐在沙发上，保持背部挺直。
②将右脚放在右髋外侧，脚背朝下。双手抓住左脚，缓慢伸直左腿，感受左腿后侧的牵拉感。
③保持该姿势至规定的时间。换对侧重复。

 要点
①腹部收紧，背部保持挺直。
②拉伸侧膝盖不锁死。

屈膝侧腿如果不舒服，可以不向后屈膝。

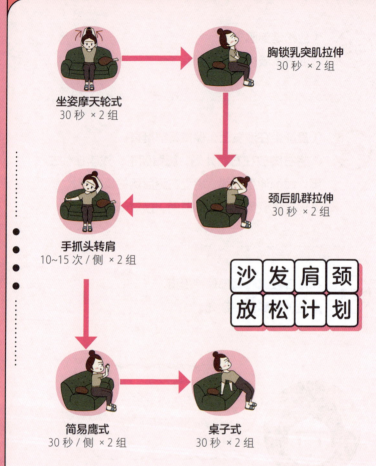

坐姿摩天轮式
30 秒 ×2 组

胸锁乳突肌拉伸
30 秒 ×2 组

颈后肌群拉伸
30 秒 ×2 组

手抓头转肩
10~15 次 / 侧 ×2 组

沙发肩颈
放松计划

简易鹰式
30 秒 / 侧 ×2 组

桌子式
30 秒 ×2 组

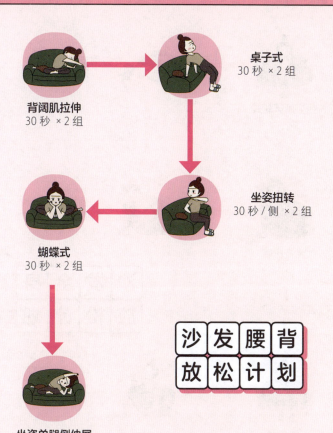

背阔肌拉伸
30 秒 × 2 组

桌子式
30 秒 × 2 组

坐姿扭转
30 秒 / 侧 × 2 组

蝴蝶式
30 秒 × 2 组

坐姿单腿侧伸展
30 秒 / 侧 × 2 组

沙发腰背
放松计划

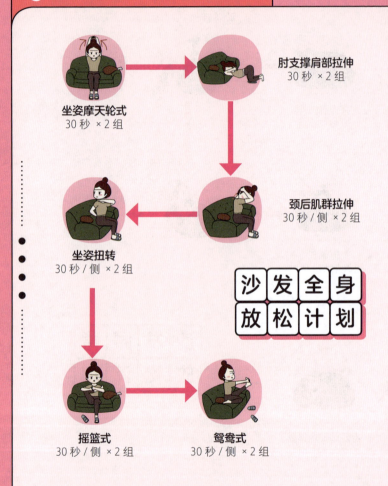

坐姿摩天轮式
30 秒 ×2 组

肘支撑肩部拉伸
30 秒 ×2 组

颈后肌群拉伸
30 秒 / 侧 ×2 组

坐姿扭转
30 秒 / 侧 ×2 组

沙发全身放松计划

摇篮式
30 秒 / 侧 ×2 组

鸳鸯式
30 秒 / 侧 ×2 组

2

在床上，尽情舒展身体的拉伸动作

当紧张的工作或学习结束后，身体会感到酸痛或僵硬。晚上睡觉前进行适当拉伸，可以有效放松白天因长时间活动或保持固定姿势而紧张的肌肉，缓解其紧张和疲劳，让身体更好地进入休息状态。睡前拉伸还有助于激活副交感神经系统，促进大脑放松，减少压力和焦虑，从而提升睡眠质量。这一章教你如何在床上进行舒缓的拉伸，放松身心，安然入睡。这些拉伸动作也可以在早上起床时进行，帮助激活肌肉，唤醒身心，活力满满地开启新的一天。

温馨提示

1. 准备一个高度和硬度适中的枕头，辅助自己完成其中一部分拉伸动作。

2. 准备一条毛巾或拉伸带，借助它们来完成自己无法徒手完成的拉伸动作。

3. 根据自己的身体状况和舒适度调整动作的幅度，确保拉伸动作均在安全的前提下完成。

腰痛时 这样做

肩痛时 这样做

下肢不适时 这样做

90度－90度拉伸

功效
①放松双腿。
②促进骨盆区域的血液循环。

步骤
①坐在床上，双手支撑在身体后侧，双腿屈曲约90度，双脚分开，略比肩宽。
②呼气，双膝倒向一侧床面。
③脊柱延伸，吸气双腿回正，换对侧重复。
④两侧交替进行，完成规定的时间或次数。

要点
①骨盆保持中立位，不要随着膝盖的移动而转动。
②脊柱保持延伸，动作幅度逐渐增大，上半身保持稳定。

下背部
拉伸

功效 缓解久坐导致的下背部不适。

 步骤
①俯卧在床上，双肘撑在枕头上。
②左腿屈曲 90 度，大腿与髋部在一条直线上，双肘推床，胸部上提，同时髋部向下推。
③保持该姿势至规定的时间。换对侧重复。

要点
①配合呼吸，逐渐增加拉伸幅度。
②胸部完全打开。

鹿 式

功效

①放松下背部及臀部肌肉。

②提高脊柱灵活性。

步骤

①坐在床上。右腿屈曲 90 度并放在身体前方，大腿与髋部接近垂直。左腿屈曲 90 度并放在身体左侧，大腿与髋部在一条直线上。可以从 90 度 - 90 度拉伸姿势进入此体式。

②躯干向右侧扭转，手肘放在床上。

③保持该姿势至规定的时间。换对侧重复。

要点

①如果膝盖疼痛，可以在臀部下方垫一块小毯子。

②根据自身情况，适当调整双膝屈曲角度。

青蛙趴

功效

①缓解腰背部酸痛。

②促进骨盆区域的血液循环。

③改善假胯宽。

步骤

①跪在床上，双腿分开，双脚朝外。

②双腿屈曲 90 度，双脚脚尖回勾，屈髋俯身，躯干趴在抱枕上。双臂交叠，放在头部下方。

③保持该姿势至规定的时间。

要点

①不要腰部过多承重。

②慢慢打开腹股沟。

③肩膀放松，脊柱保持延伸。

功效 缓解下背部和臀部的紧张和疼痛。

....

步骤 ①仰卧在床上，双腿屈膝。
②臀部向左侧稍稍挪动，双膝并拢并倒向右侧的床面，右手抓左大腿外侧，左手向左侧伸直，掌心朝上，头部转向左侧。
③保持该姿势至规定的时间。换对侧重复。

....

要点 ①膝盖和肚脐对齐，坐骨向远离头部的方向延伸。
②双膝并拢并保持稳定，如果无法做到，可以在双腿之间夹一个抱枕。
③配合呼吸，逐渐增加拉伸幅度。

快乐婴儿式

功效
①挤压腹股沟，促进骨盆区域的血液循环。
②放松背部、臀部和腿部后侧。

步骤
①仰卧在床上，双膝屈曲，双脚抬高。
②大腿靠近腹部，膝盖向外打开并向下压，双手抓住双脚，小腿垂直于地面。
③轻轻地左右摇摆。
④重复动作至规定的时间或次数。

要点
①后背和臀部贴实床面，坐骨向远离头部的方向延伸。
②放松肩膀，大腿靠近肋骨。

兔子式

功效

①缓解肩颈酸痛，提升脊柱灵活性。

②缓解精神疲劳、失眠和紧张情绪。

步骤

①跪在床上，双膝打开，与肩同宽。

②屈髋俯身，臀部抬高，前额贴床面，双手放在小腿外侧，支撑身体。

③保持该姿势至规定的时间。

要点

①保持呼吸，不要屏息。

②头部尽量靠近膝盖。

③肩部远离耳朵，颈部没有压迫感。

八字开肩

功效 ①增加肩关节的活动范围。
②让肩关节周围肌群更有弹性。

步骤 ①俯卧在床上，在头下方垫一个枕头，双臂向两侧伸直。
②吸气，左臂保持不动，右脚抬起并移至身体左侧，脚尖撑在床上，同时躯干扭转，右肩向后旋，右手指尖撑在胸前的床上并用力推床面。
③呼气，进一步打开右侧胸腔和左肩，感受左肩的牵拉感。
④保持该姿势至规定的时间。换对侧重复。

要点 ①保持肩膀下沉，右脚、躯干和右肩同时移动。
②配合呼吸，逐渐增加拉伸幅度。

坐角式

功效 ①放松下背部及臀部肌肉。
②提高髋关节灵活性。

 步骤 ①坐在床上，双腿伸直并分开90~120度。
②屈髋俯身，上半身趴在抱枕上，脊柱保持延伸。
③保持该姿势至规定的时间。

 要点 ①坐骨坐实床面，大腿外旋。
②肩膀和手臂放松，脊柱保持延伸。

鸽子式

功效 放松臀部和大腿根部外侧的肌肉。

....

 步骤
①俯卧，双手和双脚撑在床上。
②吸气，右膝屈曲并放在髋部前侧的床上，左大
腿内旋，右大腿外旋。
③呼气，屈髋俯身，双肘撑在床上，保持脊柱延伸，
胸部贴右腿，感受右臀的牵拉感。
④保持该姿势至规定的时间。换对侧重复。

....

要点
①若膝盖感到不适，可以在臀部下方垫一块小毯
子。后脚掌回勾，缓解不适。
②若髋关节较为紧张，可以将前脚跟向会阴部靠近。

仰卧
腿后侧拉伸

功效

①促进下肢的血液循环。
②缓解腿部肌肉的紧张。
③缓解小腿肌肉的痉挛。

 步骤

①仰卧，吸气，右脚抬高，双手持拉伸带两端并将其中段套在右脚脚心。
②呼气，缓慢地将右大腿拉近躯干，感受右腿后侧的牵拉感。
③保持该姿势至规定的时间。换对侧重复。

要点

①放松肩膀和手臂。
②拉伸侧腿可适当屈膝，脚跟向上蹬，脚趾回勾。
③后背和臀部贴实床面，非拉伸侧腿脚尖回勾，脚跟向远处延伸。

功效	①促进下肢的血液循环。 ②消除腿部的劳累感和沉重感。
步骤	①仰卧，双腿伸直并贴靠床头和墙面，双腿和躯干尽可能垂直。 ②双腿自然放松，感受双腿后侧的牵拉感。 ③保持该姿势至规定的时间。
要点	①后背贴实床面。 ②肩膀和颈部放松。

跪姿小腿按摩

 功效 缓解小腿紧张。

 步骤
①跪姿，双膝打开，与髋同宽。
②从左膝后侧到左踝，用右踝前侧按压整条左小腿。
③完成动作至规定的时间或次数。换对侧重复。

要点
①保持肩膀放松，臀部向后坐。
②髋关节保持中立位。

英雄卧

功效

①放松腹部、大腿前侧，缓解腿部酸胀。

②缓解经期不适。

③缓解焦虑情绪。

步骤

①坐在床上，双膝屈曲且并拢，臀部坐于双脚之间。脚跟放在臀部两侧。

②躯干向后倒，躺在抱枕上，手肘撑在床上。

③保持该姿势至规定的时间。

要点

①若膝盖感到不适，可以微微打开膝盖使髋关节内旋，或在臀部下方垫一块瑜伽砖。

②肩膀放松，锁骨向两侧延伸。

③小腿胫骨前侧和脚背前侧要贴紧床面。

④腰部放松，避免向上拱起过高，挤压腰椎。

仰卧束角式

功效

①促进骨盆区域的血液循环。

②打开胸腔和腋窝，疏通腋下淋巴。

③放松身心，缓解紧张情绪。

 步骤

①坐在床上，双膝屈曲，双脚脚掌相对。

②身体向后倒，躺在抱枕上，双手抱住对侧手肘，头枕在前臂上。

③保持该姿势至规定的时间。

要点

①臀部不离开床面。

②配合呼吸，逐渐增加拉伸幅度。

③若肩部较为紧张，可以将手臂向两侧打开。

床上腰背放松计划

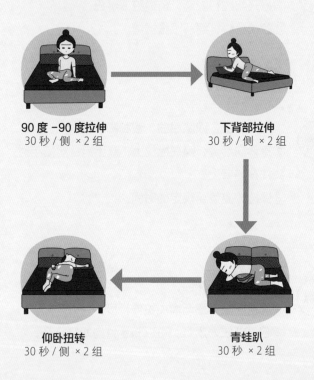

90 度 -90 度拉伸
30 秒 / 侧 × 2 组

下背部拉伸
30 秒 / 侧 × 2 组

仰卧扭转
30 秒 / 侧 × 2 组

青蛙趴
30 秒 × 2 组

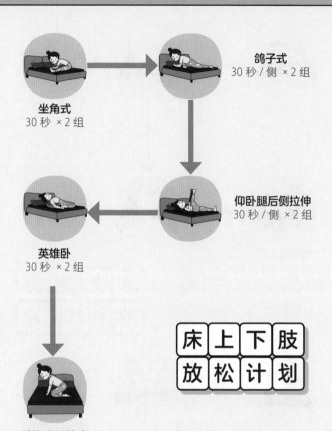

坐角式
30 秒 × 2 组

鸽子式
30 秒 / 侧 × 2 组

仰卧腿后侧拉伸
30 秒 / 侧 × 2 组

英雄卧
30 秒 × 2 组

跪姿小腿按摩
30 秒 / 侧 × 2 组

床上下肢
放松计划

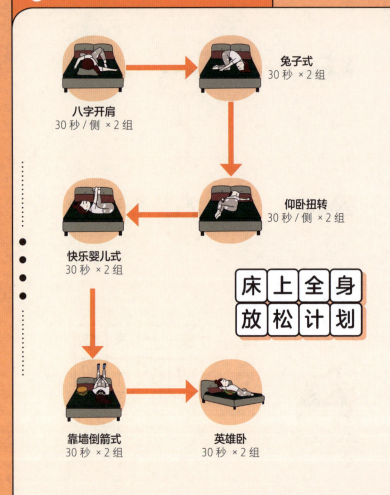

八字开肩
30秒/侧 ×2组

兔子式
30秒 ×2组

仰卧扭转
30秒/侧 ×2组

快乐婴儿式
30秒 ×2组

床上全身
放松计划

靠墙倒箭式
30秒 ×2组

英雄卧
30秒 ×2组

3

在户外，
随时随地可做的
拉伸动作

　　户外运动前需要热身，运动后身体需要放松和恢复。户外运动前的拉伸可以充分激活肌肉，让身体为运动做好准备，提升运动表现，避免运动损伤；运动后出现的肌肉紧张、软组织僵硬、关节活动受限、动作控制能力降低等一系列问题，都可以通过及时拉伸来缓解。户外运动前后，都需要专门腾出时间来认真拉伸。这一章教你在户外，如何通过拉伸来热身和放松。其中一些动作也有助于缓解身体紧张和疼痛，让你在户外可以随时随地放松身体。

温馨提示

1. 户外运动应注意做好防护，穿着合适的鞋服，及时补充水分。

2. 进行动态拉伸时，动作应流畅且可控，避免猛然运动或停顿，以防拉伤。

3. 根据自己的身体状况和舒适度调整动作的幅度，确保拉伸动作均在安全的前提下完成。

热身时 这样做

放松时 这样做

弓箭步

功效 ①增强腿部肌肉力量。
②提升腿部灵活性。

....

步骤 ①站立，双臂自然下垂。
②右脚向前迈一大步，同时躯干保持直立。
③屈双膝，同时双臂向上伸展，掌心相对，躯干可以微微后仰，感受胸腔被打开，保持该姿势1~2秒。
④左脚向前迈，换对侧重复。
⑤两侧交替进行，向前行走至规定的时间或次数。

....

要点 ①前腿的膝盖不超过脚尖，不内扣。
②躯干不要过度前倾，保持直立，核心收紧。
③骨盆保持中立位，不塌腰。

侧弓步

功效

①伸展大腿内侧，减少肌肉损伤。

②加强肌肉的收缩和舒张能力。

步骤

①站立，双脚间距约为两倍肩宽，双腿向外打开，呈外八字，脚尖与膝盖方向一致，双手合掌并放置在胸前。

②左膝屈曲，右腿伸直，背部保持挺直，屈髋臀部向后。

③右脚脚尖回勾，感受大腿内侧的牵拉感，保持该姿势 1~2 秒。

④右腿伸直，换对侧重复。

⑤两侧交替进行，完成规定的时间或次数。

要点

①膝盖避免内扣或外翻，与脚尖方向一致。

②脊柱保持中立位。

③俯身角度约 30 度，避免过度前倾。

动态腿部后侧伸展

①激活腿部后侧肌肉。
②提高腿部后侧肌肉的柔韧性。

①站立，双臂自然下垂。
②右脚向前迈出一个脚掌的距离，保持挺胸收腹。
③左腿微屈，右腿伸直，屈髋俯身，坐骨向后延伸，感受腿部后侧的牵拉感。
④左脚向前迈，换对侧重复。
⑤两侧交替进行，向前行走至规定的时间或次数。

①膝关节保持放松。
②收腹，不塌腰。

下犬式
双腿交替

功效

①增强手臂和腿部力量。

②拉伸背部、臀部和腿部肌肉。

③促进全身血液循环。

步骤

①双手和双膝撑地，躯干与地面平行，呈四足支撑姿势。

②臀部上抬，坐骨向后、向上延伸，双腿伸直，背部保持挺直，眼睛看向膝盖或脚踝。

③手推地的同时右腿屈膝，左脚跟后蹬，感受腿部后侧的牵拉感，保持该姿势 1~2 秒。

④恢复起始姿势，换对侧重复。

⑤两侧交替进行，完成规定的时间或次数。

要点

①重心更多放在双腿上。

②膝盖和脚尖方向一致，若腿部后侧较为紧张，可以微屈膝盖。

③上臂外旋，双肩远离耳朵，腋窝打开，感受背部的伸展。

抱 膝 提 踵

功效
①增强小腿肌肉的力量，改善小腿肌肉的形态。
②增强身体平衡能力。

步骤
①站立，双臂自然下垂。
②左腿支撑，双手抱住右膝。左脚脚跟上提，感受股后肌群和臀后肌群的牵拉感，保持该姿势1~2秒。
③左脚向前迈，换对侧重复。
④两侧交替进行，向前行走至规定的时间或次数。

要点
①核心收紧，躯干保持稳定，避免摇摆或后倾。
②先屈膝后提踵，核心收紧，放腿时把速度放缓。

最伟大拉伸

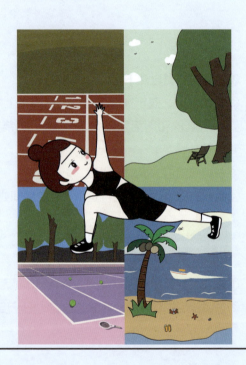

功效
①提高身体柔韧性。
②增强肌肉力量。
③促进全身的血液循环。

步骤
①站立，双臂自然下垂。俯身，双手和双脚撑地，身体在一条直线上。
②左脚向前迈至左手外侧。
③吸气，上半身向右转，感受胸椎向右转，左肘尽量触地。
④呼气，上半身向左转，同时左臂向上伸展，保持该姿势 1~2 秒。
⑤恢复起始姿势，换对侧重复。
⑥两侧交替进行，完成规定的时间或次数。

要点
①前腿脚尖略微向外，保持与膝盖方向一致。
②后腿保持伸直。
③骨盆保持中立位，感受脊柱的延伸。

手臂后拉

功效
①拉伸前臂。
②提升肩关节的活动范围。

步骤
①站立，双脚打开，与肩同宽。
②双手在背后十指相扣，掌心向外。
③吸气，脊柱延伸。
④呼气，双臂缓慢抬高，远离后背，直到手臂前侧有一定的牵拉感。
⑤保持上述姿势至规定的时间。

要点
①抬手时，躯干避免前倾，身体垂直于地面。
②可以微屈手肘，但不要耸肩。

靠墙肱三头肌拉伸

功效 ①放松上臂后侧。
②改善手臂上抬受限的情况。

步骤 ①面向墙壁站立，双脚前后分开，左脚在前。
②左臂上抬，左肘屈曲并靠在墙上，左手摸同侧肩胛骨，同时躯干向下压，感受上臂后侧的牵拉感。
③保持上述姿势至规定的时间。换对侧重复。

要点 ①躯干靠近墙壁，但双脚保持不动。
②手肘可以缓缓向上滑，直到上臂贴在墙上。

靠墙胸部拉伸

功效
①放松胸小肌。
②改善含胸驼背的体态。

 步骤
①站立，双脚打开，与髋同宽。
②右臂屈曲90度，前臂靠在墙上，手掌贴墙面。
右手叉腰。
③右脚向前迈，感受胸部和肩部前侧的牵拉感。
④保持上述姿势至规定的时间。换对侧重复。

 要点
①背部保持挺直，不耸肩。
②身体可以微微向远离墙的一侧扭转。
③配合呼吸，逐渐增加拉伸幅度。

交叉腿侧伸展

功效 ①增加身体的灵活性和平衡性。

②缓解腰部、腿部肌肉的紧张。

步骤 ①站立，双腿交叉，右腿在前，右脚位于左脚侧前方。

②右手扶髋，左臂向上伸展。

③上半身缓慢地向右侧倾斜，同时左臂保持伸展，并向右下方微微施压，感受躯干左侧的拉伸。

④保持上述姿势至规定的时间。换对侧重复。

要点 ①双脚踩实地面。

②不耸肩，不屈髋。

女神蹲

功效
①缓解肩颈肌肉的紧张。
②提升脊柱的灵活性。
③促进骨盆区域的血液循环。

步骤
①站立，双脚打开至两倍肩宽的距离。
②吸气，脊柱延伸。
③呼气，屈髋屈膝，向下蹲，大腿外旋。
④躯干保持直立，双手放在膝盖上，手掌推膝盖，右肩下压，左肩向后，躯干向左转。
⑤保持上述姿势至规定的时间。换对侧重复。

要点
①保持腹部收紧，背部挺直，脊柱延伸。
②膝盖与脚尖方向一致。
③配合呼吸，逐渐增加拉伸幅度。

坐姿 4 字臀部拉伸

功效 缓解臀部和大腿外侧肌肉的紧张。

步骤
①坐在地上，双腿屈膝，双脚打开，与肩同宽。
②双手撑在身体后侧的地上，右脚脚尖回勾并放在左膝上，臀部尽可能靠近左脚脚跟。
③吸气，脊柱保持延伸。
④呼气，胸腔向前，贴近右小腿。
⑤保持上述姿势至规定的时间。换对侧重复。

要点
①不耸肩，背部保持挺直。
②上方膝盖保持向外延伸。

股四头肌拉伸

功效 放松大腿前侧肌肉。

步骤
①站立，双臂自然下垂。
②右腿支撑，左膝屈曲，左小腿向后抬起，左手抓住左脚，将脚跟慢慢拉近臀部，感受大腿前侧的牵拉感。
③保持上述姿势至规定的时间。换对侧重复。

要点
①身体保持直立，挺胸收腹。
②核心收紧，身体保持稳定。
③膝盖保持并拢。

抱肘前屈式

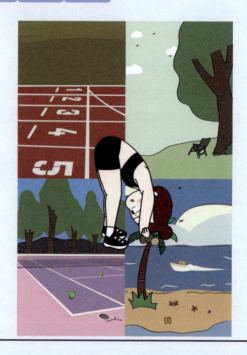

功效
①放松背部及腿部后侧肌肉。
②促进全身的血液循环。

 步骤
①站立，双臂抱肘。
②吸气，屈髋俯身，双膝微屈，脊柱延伸。
③呼气，腹部缓慢靠近大腿，头部自然向下。
④保持上述姿势至规定的时间。

 要点
①膝盖不要锁死，保持脊柱延伸。
②重心放在前脚掌，双脚踩实地面。
③配合呼吸，逐渐增加拉伸幅度。

起身时，缓慢卷动脊柱，不要猛然抬头，以免因头晕或重心不稳而摔倒。

双角式

功效
①促进血液循环，缓解疲劳。
②放松腿部后侧肌肉。
③缓解肩颈酸痛。

 步骤
①站立，双脚打开至 1.5 倍肩宽的距离。
②屈髋俯身，感受脊柱的延伸。双手可以选择抓住双脚的脚踝，手臂屈曲，手肘朝外。头慢慢靠近地面，感受大腿后侧的牵拉感，坐骨向上延伸。
③保持上述姿势至规定的时间。

要点
①双腿保持伸直，背部充分延伸。
②如果腿部后侧肌肉比较紧张，双手可以撑在身体前侧的地面上，然后随着呼吸慢慢靠近双脚。

起身时，缓慢卷动脊柱，不要猛然抬头，以免因头晕或重心不稳而摔倒。

跑步运动拉伸计划

热身

| 侧弓步 | 抱膝提踵 | 动态腿部后侧伸展 | 最伟大拉伸 |
| 8~10次 ×2组 | 8~10次 ×2组 | 8~10次 ×2组 | 8~10次 ×2组 |

放松

| 交叉腿侧伸展 | 坐姿4字臀部拉伸 | 股四头肌拉伸 | 双角式 |
| 30秒/侧 ×2组 | 30秒/侧 ×2组 | 30秒/侧 ×2组 | 30秒 ×2组 |

跳绳运动拉伸计划

热身

动态腿部后侧伸展
8~10 次 ×2 组

抱膝提踵
8~10 次 ×2 组

最伟大拉伸
8~10 次 ×2 组

放松

手臂后拉
30 秒 ×2 组

靠墙肱三头肌拉伸
30 秒 / 侧 ×2 组

交叉腿侧伸展
30 秒 / 侧 ×2 组

抱肘前屈式
30 秒 ×2 组

骑行运动拉伸计划

热身

侧弓步
8~10 次 ×2 组

抱膝提踵
8~10 次 ×2 组

下犬式双腿交替
8~10 次 ×2 组

最伟大拉伸
8~10 次 ×2 组

放松

手臂后拉
30 秒 ×2 组

女神蹲
30 秒 / 侧 ×2 组

坐姿 4 字臀部拉伸
30 秒 / 侧 ×2 组

抱肘前屈式
30 秒 ×2 组

4

在办公室中，
放松僵硬肌肉的
拉伸动作

在办公室中，长时间坐在屏幕前会导致各种健康问题，如背部和颈部疼痛、肩膀僵硬、眼睛疲劳。为了让身体舒适，促进身体健康，我们可以坐在椅子上或借助椅子支撑，按摩颈部，拉伸肩部、臀部和腿部，放松僵硬肌肉。久坐对于健康的危害很大，我们应养成坐着办公一段时间后活动一下身体的习惯。这一章教你如何在工位上进行拉伸，保持健康和活力。

温馨提示

1. 每坐 30 分钟至 1 小时，起身活动一下。

2. 为自己配备办公室好伙伴：舒适的座椅、高度合理的桌子、腰枕等。

3. 准备一条毛巾或拉伸带，借助它们来完成自己无法徒手完成的拉伸动作。

4. 根据自己的身体状况和舒适度调整动作的幅度，确保拉伸动作均在安全的前提下完成。

风池穴按摩

功效
①缓解头痛、颈部僵硬、眼睛疲劳等症状。
②促进血液循环，改善整体健康状况。

 步骤
①找到风池穴：拇指沿着颈部后方的肌肉向上滑动，直到到达一个凹陷处，这里就是风池穴所在位置。
②用拇指（或食指）轻轻按压风池穴，然后逐渐增加按压力度，直到产生轻微的酸痛感。
③拇指（或食指）小幅度地画圈至规定的时间。

 要点
①保持自然呼吸。
②按压力度不要过大。

风池穴是一个非常重要的穴位，位于颈部后方，靠近头部的最下方。

颈部按摩

功效
①缓解颈部僵硬、疼痛。
②减缓头痛，减少压力。

步骤
①坐在椅子上，坐骨均匀承重，上半身保持直立，肩膀放松。右手除拇指外的其余四指呈钩状，勾住颈椎中间凸起的位置。
②吸气，脊柱向上延伸。
③呼气，头往左侧转的同时右手往右侧拉。
④完成规定的次数。换对侧重复。

要点
①保持双肩放松。
②按摩侧手向外拉的同时，手肘向外延伸，配合呼吸，逐渐加深按摩程度。
③可以使用按摩油或乳液，以减少摩擦，增加舒适感。

肘放桌上
猫式伸展

功效
①缓解肩膀、胸腔和颈部的紧张。
②放松身心。

 步骤
①坐在椅子上，坐骨均匀承重，背部挺直，双脚平放在地上。
②双手手肘放在桌子上，间距约等于肩宽，双手合掌。
③慢慢向后滑动椅子，坐骨尝试往后延伸，肩膀远离耳朵。
④缓慢呼吸，打开胸廓，感受胸腔和肩膀的伸展。
⑤保持该姿势至规定的时间。

要点
①确保桌子的高度适中，能让你舒适地放置手肘。
②臀部始终与椅子接触，不要抬起。
③该练习持续时间最好不超过1分钟。

完成练习后，慢慢滑回椅子，回到起始坐姿，轻轻活动肩膀和双臂，缓解紧张。

椅子猫牛式

功效

①提高脊柱的灵活性。

②缓解背部和颈部的紧张和僵硬。

③放松身心，减少压力和焦虑。

步骤

①坐在椅子上，坐骨均匀承重，背部挺直，双脚平放在地面，双手放在大腿或膝盖上。

②吸气，上提胸腔，脊柱从头到尾屈曲。眼睛可以看向斜上方45度，保持颈部放松。

③呼气，低头，弓背，腹部收缩，背部向后拱起。眼睛可以看向肚脐，保持颈部放松。

④完成规定的次数。

要点

①确保椅子是固定的（使用带滑轮的椅子，应锁定滑轮）。

②无论颈椎屈曲时还是伸展时，都需要保持脊椎的延伸感。

③肩膀远离耳朵，颈部没有压迫感。

④练习过程中，配合呼吸且缓慢地进行动作。

椅子
肩胛缝拉伸

功效

①提升肩关节灵活性，缓解肩胛骨周围肌肉的紧张和僵硬。

②促进上背部和肩部的血液循环，缓解上半身疲劳感和肿胀感。

步骤

①坐在椅子上，坐骨均匀承重，背部挺直。

②吸气，右腿伸直并抬高，左手抓住右脚外侧。

③沉肩，呼气，脚跟轻轻地往远蹬，与左手对抗。背部拱起，躯干向右旋转，直到肩胛骨区域有牵拉感。尽量伸直左臂，不耸肩。

④保持该姿势至规定的时间，换对侧重复。

要点

①确保椅子是固定的（使用带滑轮的椅子，应锁定滑轮）。

②保持肩膀放松，躯干稳定，髋部在中立位。

③配合呼吸，逐渐增加拉伸幅度。

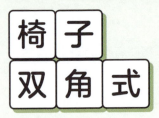

椅子
双角式

功效 缓解背部和肩膀的紧张和僵硬。

步骤 ①坐在椅子上稍靠前的位置，坐骨均匀承重，背部挺直，双脚平放在地上。

②吸气，双臂向后伸展，双手十指交扣，上提胸腔，伸展脊柱，感觉身体被拉长。

③呼气，慢慢屈髋俯身。

④保持该姿势至规定的时间。

要点 ①确保椅子是固定的（使用带滑轮的椅子，应锁定滑轮）。

②身体折叠程度视柔韧性而定，不要勉强。

③如果肩膀比较紧张，则可以双手抓住一根绳子，但双手间距不能大于肩宽。

完成练习后，慢慢松开双手，回到起始坐姿，轻轻活动肩膀和双臂，缓解紧张。

椅子双角扭转式

功效 ①促进骨盆区域的血液循环，缓解坐骨神经痛。

②缓解背部紧张，保持脊柱的健康和灵活性。

步骤 ①坐在椅子上稍靠前的位置，坐骨均匀承重，背部挺直，双脚平放在地上，间距大于肩宽。

②吸气，双臂上抬，双手过头，脊柱向上延伸。

③呼气，慢慢屈髋俯身，背部尽量平直。左手放在小腿、脚踝或地面上，具体视柔韧性而定，不要勉强自己。

④吸气，上半身向右扭转，右臂向上伸展，双臂呈一条直线，右手指向天花板。

⑤保持该姿势至规定的时间。换对侧重复。

要点 ①确保椅子是固定的（使用带滑轮的椅子，应锁定滑轮）。

②坐骨向后延伸，腰椎保持自然曲度，头顶向前延伸。

③胸椎、肩膀都要扭转、打开。

④如果背部感到不适，则应适当降低扭转幅度，避免过度扭转。

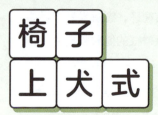

椅子上犬式

功效
①强化背部肌肉，减轻背部疼痛。
②扩展胸腔，增加肺部的容量，改善呼吸。
③减轻颈部和肩部的疼痛。

步骤
①双手平放在椅子上，手臂伸直。
②吸气，上抬胸部，脊柱向上延伸。
③呼气，双脚慢慢向后移动，直至双腿伸直，双脚踩实地面。保持背部平直，耻骨和腹部上提。头部放松，眼睛可以看向斜上方。肩膀向后、向下转动，远离耳朵。锁骨打开，避免压迫颈部后侧。
④保持该姿势至规定的时间。

要点
①确保椅子是固定的（使用带滑轮的椅子，应锁定滑轮）。
②手指自然张开，肩膀在同侧手的正上方。
③双腿伸直，但膝盖不要锁定，大腿内收。避免头部过度后仰，颈椎保持自然曲度。
④确保背部肌肉参与练习，避免仅用手臂力量抬起上半身。

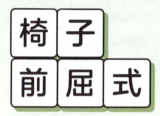

椅子
前屈式

功效
① 有助于放松背部、大腿后侧和小腿后侧。
② 缓解压力和焦虑，放松身心。
③ 预防和改善下背部疼痛。

 步骤
① 坐在椅子上稍靠前的位置，坐骨均匀承重，背部挺直。
② 吸气，双臂向上伸展，脊柱向上延伸。
③ 呼气，慢慢屈髋俯身，脊柱保持延伸，尝试用手环抱双腿或触碰脚趾，感受背部、大腿后侧和小腿后侧的牵拉感。
④ 保持该姿势至规定的时间。

 要点
① 确保椅子是固定的（使用带滑轮的椅子，应锁定滑轮）。
② 在整个前屈过程中，脊柱保持延伸，避免背部拱起。
③ 如果腿后侧肌肉比较紧张，可以微屈膝盖。
④ 头部和颈部自然放松，避免颈部过度伸展。

完成练习后，慢一点起身，避免起身过快造成头晕等不适。

椅子
半鱼王式

功效

①保持脊柱的健康和灵活性。

②缓解肩膀、臀部、背部和颈部的紧张。

步骤

①坐在椅子上，坐骨均匀承重，背部挺直，双脚平放在地上。

②弯曲左膝，将左脚放在右大腿的外侧，左脚掌尽量与地面平行。右膝屈曲约 90 度，脚平放在地上，髋部保持稳定。

③吸气，双臂上抬，双手过头，脊柱向上延伸。

④呼气，上半身向左扭转，右手放在左膝外侧，左手放在椅背上，帮助保持平衡。

⑤保持该姿势至规定的时间。换对侧重复。

要点

①确保椅子是固定的（使用带滑轮的椅子，应锁定滑轮）。

②可以在臀部下方放一个坐垫或毯子，以缓解腰部紧张。

③下颌微收，头和躯干同时向后扭转。

④配合呼吸，逐渐加大扭转幅度。

椅子弓箭步

功效
①增强腿部力量。
②提高髋关节灵活性，缓解下背部疼痛。
③促进血液循环，预防静脉曲张和下肢水肿。

步骤
①将右脚放在椅子上，确保脚掌平放，右膝屈曲90度。左脚向后一步，脚跟抬起，左腿保持伸直，感受髋部和大腿前侧的伸展。
②吸气，左手扶髋，右手轻轻推住右膝，伸展脊柱，感觉身体被拉长。
③呼气，感受腿部肌肉的伸展和发力。
④保持该姿势至规定的时间。换对侧重复。

要点
①确保椅子是固定的（使用带滑轮的椅子，应锁定滑轮）。
②前侧膝在脚踝正上方，不要超过脚尖。
③胸部向前延伸，髋部在中立位。
④保持平稳呼吸，避免屏气。
⑤核心肌肉保持紧张，以维持躯干稳定，避免身体前倾或后仰。
⑥配合呼吸，逐渐增加拉伸幅度。

椅子
鸽子式

功效 ①改善臀部和髋部的柔韧性，缓解下背部紧张。
②缓解坐骨神经痛。

步骤 ①坐在椅子上，坐骨均匀承重，背部挺直。
②右膝屈曲，右脚踝外侧平放在左膝上方，右膝指向右侧。
③吸气，脊柱向上延伸。
④呼气，胸腔向前延伸，背部保持挺直，慢慢向前俯身，直到右臀和右髋有牵拉感。
⑤保持该姿势至规定的时间。换对侧重复。

要点 ①确保椅子是固定的（使用带滑轮的椅子，应锁定滑轮）。
②两侧髋部保持等高，避免髋部向一侧倾斜。
③腰椎保持自然曲度，以更有效地拉伸臀部和髋部，同时保护脊柱。
④全程保持呼吸均匀，不要屏住呼吸。

椅子股四头肌拉伸

功效 ①提高大腿柔韧性，减少膝关节疼痛。

②缓解大腿肌肉紧张，改善下肢血液循环。

步骤 ①站立，左膝放在椅子上，右脚踩在地上，挺直背部。右脚缓慢向前移动，右膝屈曲。右手放在右膝上，左手抓住左脚脚背或脚踝。

②吸气，上提胸腔。

③呼气，左侧腹股沟伸展，感受左大腿前侧的牵拉感。

④保持该姿势至规定的时间。换对侧重复。

要点 ①确保椅子是固定的（使用带滑轮的椅子，应锁定滑轮）。

②身体保持稳定，避免晃动。

③如果牵拉感过强，减小拉伸幅度，避免过度拉伸导致疼痛。

④配合呼吸，逐渐增加拉伸幅度。

椅子
腘绳肌拉伸

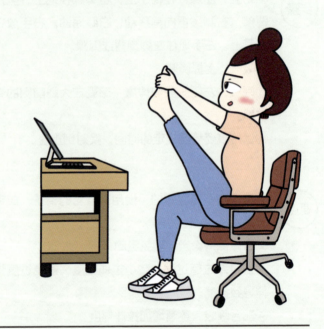

功效 ①提高大腿柔韧性，缓解大腿肌肉紧张。
②改善血液循环，缓解久坐给腿部带来疲劳感和肿胀感。

步骤 ①坐在椅子上，坐骨均匀承重，背部挺直。
②吸气，左腿伸直，双手抓住左脚（无法做到的话，抓住小腿或大腿），然后慢慢抬起左腿。
③呼气，将左腿缓慢拉向躯干，感受左大腿后侧的牵拉感。
④保持该姿势至规定的时间。换对侧重复。

要点 ①确保椅子是固定的（使用带滑轮的椅子，应锁定滑轮）。
②如果伸直拉伸侧腿感到困难，可以微屈该侧膝盖，尽量保持该侧脚跟向上延伸，坐骨向下延伸，从而打开腘窝，增加拉伸效果。
③腰椎保持自然曲度，不过度伸展。
④配合呼吸，逐渐增加拉伸幅度。

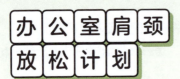

办公室肩颈放松计划

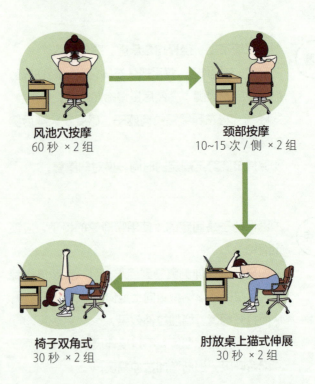

风池穴按摩
60 秒 × 2 组

颈部按摩
10~15 次 / 侧 × 2 组

椅子双角式
30 秒 × 2 组

肘放桌上猫式伸展
30 秒 × 2 组

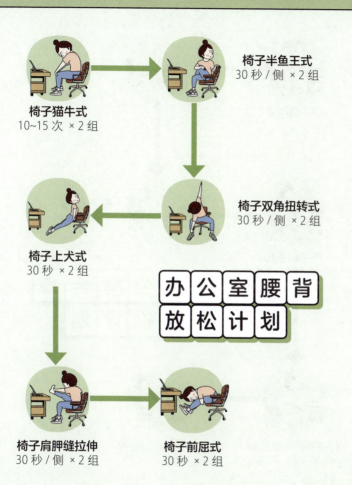

椅子猫牛式
10~15 次 ×2 组

椅子半鱼王式
30 秒 / 侧 ×2 组

椅子双角扭转式
30 秒 / 侧 ×2 组

椅子上犬式
30 秒 ×2 组

办公室腰背放松计划

椅子肩胛缝拉伸
30 秒 / 侧 ×2 组

椅子前屈式
30 秒 ×2 组

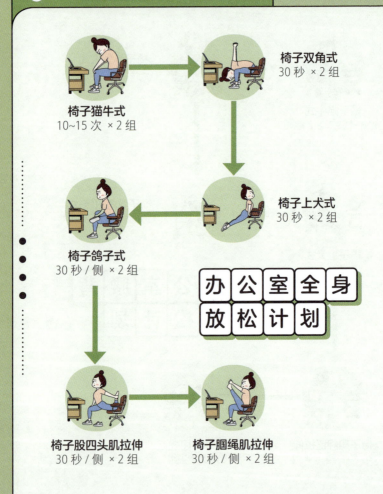

椅子猫牛式
10~15 次 ×2 组

椅子双角式
30 秒 ×2 组

椅子上犬式
30 秒 ×2 组

椅子鸽子式
30 秒 / 侧 ×2 组

办公室全身放松计划

椅子股四头肌拉伸
30 秒 / 侧 ×2 组

椅子腘绳肌拉伸
30 秒 / 侧 ×2 组

在旅途中，消除久坐不适的拉伸动作

在旅途中乘坐高铁、飞机等交通工具时，我们经常处于久坐状态，腰部肌肉会长时间处于紧张状态，从而引起肌肉劳损，出现腰疼、腰酸等症状。受座椅空间限制和靠背角度影响，颈部会长时间处于紧张状态，同时还会出现下肢血液循环不畅的情况。这时可以利用座椅扶手，在有限的空间内做一些拉伸，缓解肌肉紧张、酸痛等状况。还可以在确保安全的前提下起身活动，利用门框等进行拉伸。在这一章，我们一起学习如何在旅途中进行拉伸。

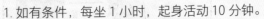

温馨提示

1. 如有条件，每坐 1 小时，起身活动 10 分钟。

2. 带上旅途好伙伴：颈枕和腰枕。也可将外套垫在腰部后方，代替腰枕。

3. 在不影响他人的前提下，将座椅靠背调整至舒适角度。

4. 根据自己的身体状况和舒适度调整动作的幅度，确保拉伸动作均在安全的前提下完成。

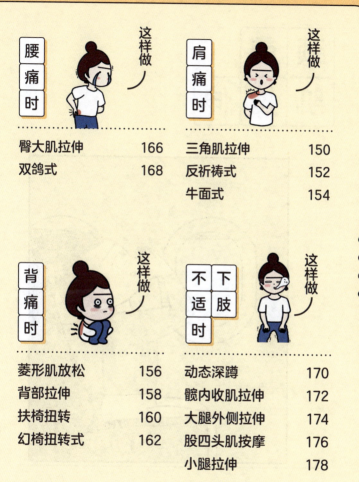

颈前肌拉伸

功效 ①缓解颈部肌肉的紧张与疼痛，增加颈部的柔韧性和活动范围。
②促进血液循环，改善整体的健康状况。

 步骤 ①坐在座椅上，两侧坐骨均匀受力，双脚自然踩地。
②双手合掌，拇指置于下颌处，手臂整体均匀、缓慢发力，向上轻抬，头慢慢向后仰，直到颈部前侧有一定的牵拉感。
③保持该姿势至规定的时间。

要点 ①缓慢而有控制地做动作，避免突然或剧烈运动。
②如果感到疼痛或不适，请停止动作并咨询医生。

手扣背后
颈部侧屈

功效 ①缓解颈部肌肉的紧张和僵硬，放松上半身。
②提高颈部的灵活性。

步骤 ①坐在座椅上，两侧坐骨均匀受力，双脚自然踩地。
②双手十指相扣，掌心相对，放在身后靠近左侧的位置。
③吸气，脊柱延伸，沉肩，双臂慢慢伸直，双肘慢慢靠近，打开肩膀。
④微收下颌，颈部肌肉放松，头部慢慢向左侧倾斜，尽量使耳朵靠近肩膀。
⑤保持该姿势至规定的时间。换对侧重复。

要点 ①动作要缓慢而平稳，避免用力过猛，造成颈部受伤。
②肩膀放松，不要耸肩。
③上半身保持挺直，不塌腰。

功效
①缓解肩颈肌肉的紧张。
②提高肩膀的灵活性。

步骤
①坐在座椅上，两侧坐骨均匀受力，双脚自然踩地。
②左臂内收于胸前，前臂放在右肩上方，右手固定住左肘。
③吸气，脊柱延伸。
④呼气，右手发力，向内推左臂，使左臂进一步靠近身体。
⑤保持该姿势至规定的时间。换对侧重复。

要点
①躯干保持稳定，不随着拉伸动作转动。
②肩膀放松，不要耸肩。
③上半身保持挺直，不塌腰。
④配合呼吸，逐渐增加扭转幅度。

反祈祷式

功效 伸展肩膀和胸部，缓解身体紧张与不适。

步骤 ①坐在座椅上，两侧坐骨均匀受力，双脚自然踩地。

②双手在背后合掌（如无法做到，则双手握拳且拳峰相对，或双手抱肘）并放在靠近胸椎的位置，腹部微收。

③随着呼气，双肩展开，让双手手掌尽可能贴近。

④保持该姿势至规定的时间。

要点 ①保持呼吸顺畅，尽可能不要塌腰。

②双肩放松且下沉，锁骨向两侧延伸。

牛面式

功效
①提高肩部的灵活性，打开胸腔。
②加强手臂和手腕的力量。

 步骤
①坐在座椅上，两侧坐骨均匀受力，双脚自然踩地。双脚分开，与髋同宽。
②背部保持挺直，吸气，脊柱延伸，右臂举过头顶后屈肘，右手掌心朝向后背，左手上举并抓住右肘。
③呼气，左手将右肘拉向头部，沉肩，感受肩部的牵拉感。
④左臂下放，内旋屈肘，左手贴后背且掌心朝外。再一次吸气，脊柱延伸，感受胸腔的扩展，尝试让双手在肩胛骨处相扣。
⑤保持该姿势至规定的时间。换对侧重复。

 要点
①若双手无法相扣，则使用瑜伽带或其他辅助工具来完成动作。
②背部保持挺直，肩颈放松。
③颈部有疾病或受伤的人，在进行该拉伸前，先咨询医生或专业人士的意见。

菱形肌放松

功效 ①保持良好的体态。
②促进肩部和背部健康。

步骤 ①坐在座椅上，两侧坐骨均匀受力，双脚自然踩地。双脚分开，与髋同宽。
②双膝并拢，双臂交叉，双手手背贴于对侧膝盖的外侧。
③吸气，向下俯身。
④呼气，后背弓起，同时双膝向外打开，对抗双手，感受肩胛缝处的牵拉感。
⑤保持该姿势至规定的时间。

要点 ①身体保持稳定。
②肩膀放松，不要耸肩。
③配合呼吸，逐渐增加扭转幅度。

背部拉伸

功效
①缓解背部疼痛。
②改善脊柱的生理曲度。

 步骤
①面对支撑物站立，双脚打开，与髋同宽。
②双手放在支撑物上，屈膝屈髋，臀部向后、向下延伸，背部和肩部下压。
③保持该姿势至规定的时间。

要点
①不要耸肩，颈部后侧保持伸展。
②让肩胛骨远离脊柱，充分伸展背部。

可以将一侧手放在对侧膝上，上半身向对侧扭转，同时对侧手臂向上伸展，以增加拉伸幅度。

扶 椅 扭 转

功效
①提高脊柱灵活性。
②缓解背部紧张。

步骤
①坐在座椅上，两侧坐骨均匀受力，双脚自然踩地。
②右手放在左侧扶手上，吸气，上半身向左后侧扭转。
③右手轻轻推扶手，脊柱保持延伸，呼气，身体进一步向左后侧扭转。
④保持该姿势至规定的时间。换对侧重复。

要点
①下颌微收，头部、肩膀和躯干同时扭转。
②背部保持挺直，头顶保持向上延伸的状态。
③不要塌腰，腰椎保持自然曲度。
④配合呼吸，逐渐增加扭转幅度。

幻椅扭转式

功效
①提高脊柱的灵活性。
②缓解背部紧张。

步骤
①坐在座椅上，两侧坐骨均匀受力，双脚自然踩地。
②吸气，双手手掌合十，双臂向上伸直。
③呼气，上半身向左侧扭转，双臂屈曲，右肘抵住左膝外侧。
④保持该姿势至规定的时间。换对侧重复。

要点
①上半身扭转的时候，脊柱保持延伸，不弓背，胸腔打开。
②骨盆处于中立位，臀部保持不动。
③配合呼吸，逐渐增加扭转幅度。

侧表链
拉伸

功效

①缓解全身肌肉紧张。

②释放身体压力。

 步骤

①面对支撑物站立，左脚放在右脚外侧。

②左手放在支撑物上，身体向左侧倾斜，右手也放在支撑物上。

③左手发力，尝试将身体往外推，感受身体右侧的牵拉感。

④保持该姿势至规定的时间。换对侧重复。

 要点

①双脚踩实地面，身体保持稳定。

②身体离墙越远，拉伸幅度越大。

下侧手尝试将身体往外推的同时，身体可以向上侧臂扭转，以增加拉伸幅度。

臀大肌
拉伸

功效 缓解臀部、腰部肌肉紧张。

 步骤
①面对支撑物站立。
②双手放在支撑物上，左脚脚尖回勾，左小腿放在右膝上。屈右膝和右髋，臀部向后、向下延伸。
③随着呼吸，左膝下压，臀部继续向后、向下延伸，胸腔保持向上延伸。
④保持该姿势至规定的时间。换对侧重复。

 要点
①背部保持挺直，不塌腰。
②臀部尽可能向后、向下延伸。

双鸽式

功效 ①放松臀部和大腿外侧肌肉，优化大腿和小腿的肌肉线条。
②伸展髋关节，促进骨盆区域的血液循环。

步骤 ①坐在座椅上，两侧坐骨均匀受力，双脚自然踩地。
②屈右膝，脚尖回勾，将右小腿放在座椅前端边缘处。
③屈左膝，左脚脚踝放在右膝上方，右手拉住左脚脚踝，左手轻轻下压左膝，感受左侧臀部的牵拉感。
④保持该姿势至规定的时间。换对侧重复。

要点 ①如果下侧腿的膝盖无法与座椅表面贴合，可以在膝盖下方垫毛巾或瑜伽砖。
②两侧大腿外旋，髋部打开。
③臀部坐实座椅，脊柱保持延伸。

动态蹲起

功效　①提高关节灵活性。
②缓解腿部肌肉紧张。

步骤　①站立，双脚打开，与髋同宽。保持双脚脚掌贴地和背部挺直，尽可能下蹲，双臂放在双腿之间，双手抓脚。
②呼气，保持双手抓脚，起身，膝盖缓慢伸直，但不要过度伸展，臀部向天花板方向延伸，感受大腿后侧的牵拉感。
③吸气，恢复起始姿势。
④重复上述动作至规定次数。

要点　①如果大腿后侧比较紧张，起身时可以微屈膝盖，尽可能扩展胸腔。
②下蹲时，膝盖和脚尖方向一致。

髋内收肌拉伸

功效 ①缓解大腿内侧肌肉紧张，提升其柔韧性。
②促进骨盆和下肢的血液循环，缓解久坐给腿部带来的疲劳感和肿胀感。

步骤 ①右膝屈曲，左腿伸直，呈侧弓步姿势，双手扶髋。背部保持挺直，左膝屈曲并撑地。
②呼气，臀部向下、向右移动，直到左大腿内侧有牵拉感，保持1~2秒。
③吸气，恢复起始姿势。
④重复上述动作至规定时间。换对侧重复。

要点 ①可以在跪地的膝盖下方垫一块毛巾，以缓解膝盖不适。
②不撅臀，不塌腰，背部始终保持挺直。
③根据身体的柔韧性灵活调整下蹲的幅度。
④配合呼吸，逐渐增加扭转幅度。

大 腿 外 侧
拉 伸

功效
①改善臀部和髋部肌肉的柔韧性。
②缓解下背部紧张感。
③提高脊柱的灵活性。

步骤
①站立，双脚打开，与髋同宽。
②双膝微屈，吸气，脊柱延伸。
③呼气，向前俯身，上半身与地面平行，脊柱保持延伸，双手手指触地。
④左膝屈曲，右腿伸直，上半身向右侧扭转，左手手指保持触地，右臂向上伸展。
⑤保持该姿势至规定的时间。换对侧重复。

要点
①背部保持挺直，脊柱保持延伸。
②如果大腿后侧比较紧张，可以将坐骨向后延伸，拉伸侧腿微屈，对侧膝进一步屈曲。
③上半身扭转的时候，扩展胸腔，舒展肩膀。

股四头肌
按摩

功效
①缓解大腿前侧肌肉的紧张。
②提升膝关节和髋关节的活动范围。

步骤
①坐在座椅上，两侧坐骨均匀受力，双脚自然踩地。
②左前臂放在左大腿上，轻轻地按压并前、后来回滚动，放松大腿前侧肌肉。上半身可以向前倾斜并微微施压。
③重复该动作至规定的时间。换对侧重复。

要点
①控制按压力度，避免用力过度，造成不适。
②可以在疼痛处稍作停留。
③肩颈保持放松，不要耸肩。

小腿拉伸

功效
①放松小腿肌肉。
②预防小腿抽筋。

步骤
①面对支撑物站立。
②双手放在支撑物上，右脚前脚掌放在墙面上，脚跟撑地，左脚后撤一步，左膝微屈，右腿伸直。
③背部保持挺直，上半身微微前倾，感受小腿后侧的牵拉感。
④保持该姿势至规定的时间。换对侧重复。

要点
①拉伸侧膝盖伸直，但不要过度伸展。
②背部保持挺直。

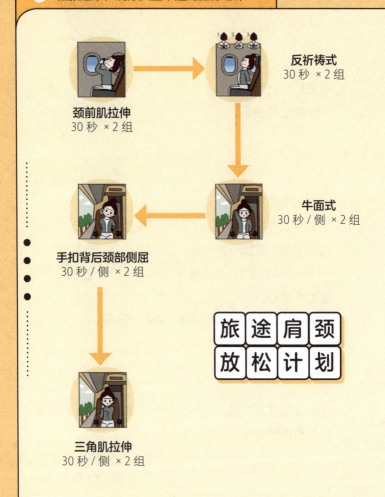

反祈祷式
30 秒 × 2 组

颈前肌拉伸
30 秒 × 2 组

牛面式
30 秒 / 侧 × 2 组

手扣背后颈部侧屈
30 秒 / 侧 × 2 组

旅 途 肩 颈
放 松 计 划

三角肌拉伸
30 秒 / 侧 × 2 组

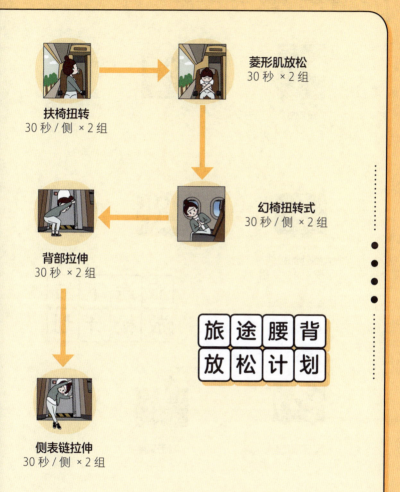

扶椅扭转
30 秒 / 侧 × 2 组

菱形肌放松
30 秒 × 2 组

幻椅扭转式
30 秒 / 侧 × 2 组

背部拉伸
30 秒 × 2 组

侧表链拉伸
30 秒 / 侧 × 2 组

旅 途 腰 背
放 松 计 划

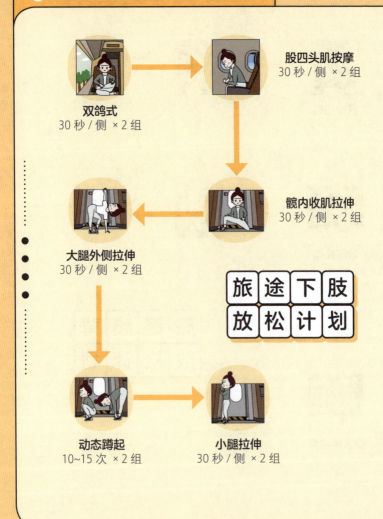

双鸽式
30 秒 / 侧 × 2 组

股四头肌按摩
30 秒 / 侧 × 2 组

髋内收肌拉伸
30 秒 / 侧 × 2 组

大腿外侧拉伸
30 秒 / 侧 × 2 组

旅途下肢
放松计划

动态蹲起
10~15 次 × 2 组

小腿拉伸
30 秒 / 侧 × 2 组